2003 – Ein ganz besonderes Jahr!

2003 ist ein besonderes JS flimmert über den Bildsc r wird Gouverneur von „Käfer" l

Eine spannende und amüsante Zeitreise für jeden Mann, der immer schon mal wissen wollte, welche Trends in seinem Geburtsjahr begründet wurden und welche bedeutenden Ereignisse es gab.

Ein Ereignis ist dabei ganz besonders hervorzuheben:

Das größte Highlight 2003 ist die Geburt von:

Liebes Geburtstagskind,

Inhalt

Chinesisches Horoskop 6
Ein echt starker Typ 8
Besser als der große Fangio 9
Herbert räumt ab 10
Karl der Große 11
Die Lust am Neuen 12
Umsiedelung von 1 Million Menschen 14
Wasser wäre möglich 15
Binnenland wird Segelchamp 16
Urlaub in letzter Minute 17
Musik im Kolosseum 18
Zum letzten Mal Sommerschluss 19
Ein David geht nach Spanien 20
Was 2003 sonst noch geschah 23
Was 2003 sonst noch geschah 24
24 Stunden live dabei 25
Überschall Nr. 7 für ein deutsches Museum 26
Meeresenergie 27
Vom Aussterben bedroht 28
„Rocky" nimmt Abschied 29
Europa öffnet sich für 10 Neue 30
Opas Rezepte für Camping und Strohwitwer 31
Bestseller 33
Geschichte übereigene Täume 34
Der zerlegte Körper 35
Der letzte Käfer rollt vom Band 36
Sekundenschneller Blick ins Herz 37

Dosen- und Flaschenpfand 38
Kleine Aktiengesellschaft..39
Urlaub in aller Ruhe..40
Schönster Mann 2003 41
Taikonaut Nummer 1..42
Der Ring geht ins Finale 43
Meisterschaft, Pokal und Wirbel.......................................44
Langer Samstag 45
Die Liebe wird gefeiert 46
Auf Kundenfang..47
Ein Pirat aus der Karibik 48
Naturlook für Zuhause...50
Ende der Cap Horniers...51
Noch mehr Ganztagsschulen...52
Erster Superstar gewählt 53
Motorrad des Jahres..54
Rudi völlig außer Kontrolle 56
Das Spiel des Jahres 57
Höchster Wolkenkratzer der Welt 58
Norah räumt ab 59
Testbetrieb für Maut 60
Neues Logo für den Handel 61
Jubiläum der Bundesliga..62
Bernsteinzimmer wieder da...63
Charts des Jahres 64
Alcopops sind in..65
Die beliebtesten Vornamen..66
Prominente Geburtstagskinder 67
2003 als Kreuzworträtsel 70

Chinesisches Horoskop

Wer im Jahr 2003 das Licht der Welt erblickte, ist im **chinesischen Tierkreiszeichen der Ziege** geboren.

Im Tierkreiszeichen der Ziege Geborene sind herzensgute Menschen

Das Charakterbild des Ziege-Mannes

Ein Mann, der im chinesischen Sternzeichen der Ziege geboren ist, ist feinfühlig und sanftmütig, gelassen und ruhig. Seine Persönlichkeit zeichnet sich durch Intelligenz, Ausgeglichenheit und Hilfsbereitschaft aus.

Der Ziege-Mann ist ein herzensguter Mensch. Er ist immer für andere da, hat ein offenes Ohr für alle Probleme und steht gerne mit Rat und Tat zu Seite. Er besitzt viel Empathie und wird gerne gebraucht.

Der Ziege-Geborene mag es durchaus unter Menschen zu sein, drängt sich jedoch nie in den Vordergrund, weshalb man ihn gerne in seiner Nähe hat. Er verfügt über einen ausgeprägten Sinn für alles Schöne. Er liebt es, sich modisch zu kleiden oder gut zu essen.

Der Ziege-Mann ist sehr kreativ und hat viel Phantasie. Seine Gefühle drückt er gerne im künstlerisch-musischen Bereich aus. Dabei arbeitet er auch gerne im Team. Mit seinem großen Herz ist der Ziege-Mann besonders für soziale Berufe geeignet. Weitere Berufe die ihm liegen sind Arzt, Schauspieler, Architekt, Musiker oder Lehrer.

Ein Grundbedürfnis des Ziege-Mannes sind harmonische Beziehungen. Er hat wenig Interesse an kurzen Affären, sondern möchte eine echte, tiefe Partnerschaft.

Ein echt starker Typ

Arnold Schwarzenegger, wird zuerst als Bodybuilder bekannt, ehe er zu einem der populärsten Action-Darstellern Amerikas avanciert und dann auch Gouverneur von Kalifornien wird.

1967, mit nur 20 Jahren, wird Arnold Schwarzenegger in London zum jüngsten „Mister Universum" gekürt.

Arnold Schwarzenegger feiert seinen Durchbruch in Hollywood nach „Conan, der Barbar" (1981) in der Rolle eines Cyborg in der Kinoproduktion „Terminator" (ab 1984).

Am 8. Oktober 2003 gewinnt Arnold Schwarzenegger mit einer Mehrheit von 48% die Gouverneurswahlen im US-Bundesstaat Kalifornien. Seine Wiederwahl für eine zweite Amtszeit erlangt Schwarzenegger am 7. November 2006 mit einer Mehrheit von 55,9%. 2015 wird er mit der Goldenen Kamera für sein Lebenswerk ausgezeichnet.

Besser als der große Fangio

Mit Platz acht beim Saisonfinale in Japan sichert sich Ferrari-Pilot *Michael Schumacher* nach 1994, 1995, 2000, 2001 und 2002 zum sechsten Mal den Titel des Formel-1-Weltmeisters. „Schumi" überrundet damit den bisherigen Rekordchampion Juan Manuel Fangio, der zwischen 1951 und 1957 fünfmal bester Pilot war.

Michael Schuhmacher feiert mit seinem französischen Ferrari-Teamchef Jean Todt in Suzuka den sechsten WM-Titel.

Eine rund 1-stündige Doku über Michael Schumacher ist auf Youtube unter folgendem Link bzw. QR-Code zu sehen:

https://bit.ly/doku-michael

Herbert räumt ab

Herbert Grönemeyer kann bei der 12. Vergabe des Schallplattenpreises *Echo* zwei der begehrten Preise einheimsen und ist der umjubelte Star des Abends im Internationalen Congress Centrum (ICC) in Berlin.

Grönemeyer gewinnt zwei Echo-Preise als bester deutscher Rock- und Popkünstler sowie für seine Single „Mensch", mit der er im September des Vorjahres nach vierjähriger Platten-Pause ein Comeback feierte.

Herber Grönemeyer bedankt sich. Er wohnt seit einiger Zeit in London.

Der Echo-Preis gilt mit dem amerikanischen Grammy und den MTC-Awards als wichtigste internationale Pop-Auszeichnung.

Karl der Große

Karl Lagerfeld, wird am 10. September 2003 65 (oder doch etwa 70?) Jahre alt. *„Le grand Karl"* oder *„Der letzte Dandy von Paris"*, wie er bewundernd genannt wird, pflegt den Anschein des genialen Müßiggängers und ist doch von Arbeit, Fleiß und Perfektionismus geprägt.

Kein Modegenre, das Karl Lagerfeld nicht beherrscht, von der Haute Couture für das Haus Chanel über die Pelzmode für Fendi, das Prèt-à-porter für Lagerfeld Gallery bis zu Herrenmode, Duftkreationen, Modezeichnung und Modefotografie sowie Buchpublikationen.

Karl Lagerfeld erfindet sich immer wieder neu.

Seit 1983 weiß Lagerfeld den Modeklassiker Chanel-Kostüm immer wieder neu, dem Zeitgeist entsprechend zu interpretieren.

Die Lust am Neuen

Auf der 44. Internationalen Funkaustellung (IFA), der weltgrößten Messe für Unterhaltungs- un Kommunikationselektronik in Berlin gilt das Motto *„Die Lust am Neuen"*.

Im Zentrum stehen die zunehmende Verschmelzung von Computern mit Geräten der Unterhaltungselektronik und neueste Lösungen aus den Bereichen TV, Video und Heimkino. Im Bereich der TV-Technik zeigen alle Hersteller LCD- und Plasma-Modelle, die sich wie ein Bild an die Wand hängen lassen.

Monitore, so weit das Auge sehen kann. Eine Wand mit Philips-Flachbildschirmen auf der IFA.

Umsiedelung von 1 Million Menschen

Der *Drei-Schluchten-Damm* am Jangste in China wird geschlossen. Der Fluss soll dadurch zu einem 600 km langen See aufgestaut werden. Dabei entsteht das weltweit größte Wasserkraftwerk.

Ein Fischer wirft seine Angel vor der gewaltigen Staumauer des Drei-Schluchten-Damms aus.

Für das gigantische Projekt, das 1992 gegen erheblichen Widerstand im Volkskongress gebilligt wurde und 2009 abgeschlossen sein soll, mussten über 1 Million Menschen umgesiedelt werden. Geflutet werden nicht nur Siedlungen sondern auch historische Städten.

Wasser wäre möglich

Mit einem Bilderbuchstart hebt am 2. Juni die erste europäische Marsmission vom russischen Weltraumbahnhof Baikonur in Kasachstan ab. Der *„Mars Express"* tritt am 25. Dezember in eine Umlaufbahn des Mars ein.

Der europäische „Mars Express" wird über zwei Solarzellenflügel mit Energie versorgt. Der Satellit wird den Mars etwa zwei Jahre lang umrunden.

Aus einer Höhe von 250 km soll der Satellit Atmosphäre, Geologie und Struktur des Planeten untersuchen. Bereits im Januar zeigen sich erste sensationelle Ergebnisse: Wahrscheinlich gibt es auf dem Mars Wasser.

Binnenland wird Segelchamp

Nach 152 Jahren kommt der *America`s Cup* der Hochseesegler wieder zurück nach Europa. Dieses Kunststück gelingt mit dem Team der „*Alinghi*"ausgerechnet einem Herausforderer aus dem Binnenland Schweiz.

Die Schweizer „Alinghi" liegt auch im fünften und letzten Rennen vor den Titelverteidigern aus Neuseeland.

Das von dem Pharma-Unternehmer Ernesto Bertarelli geführte Syndikat versammelt international erfahrene Spitzensegler in einem Boot. Dazu gehört der Neuseeländer Russell Coutts, der 1995 und 2000 zweimal für sein Heimatland den America`s Cup gewann. Um Taktik und Strategie kümmert sich der dreimalige deutsche Olympiasieger Jochen Schümann aus Penzberg.

Urlaub in letzter Minute

Höchst unzufrieden sind 2003 die Reiseunternehmen damit, dass die Deutschen sich nicht mehr frühzeitig festlegen wollen, wenn es um ihren Urlaub geht. Trotz Frühbucherrabatt und der Aussicht, auf jeden Fall noch einen Platz am gewünschten Urlaubsziel zu bekommen, werden Reisen immer kurzfristiger gebucht.

Der Reiseveranstalter TUI kreiert eine Marke für Urlaub zum Schnäppchenpreis.

Viele warten auf ein besonderes Schnäppchen im Last-Minute-Bereich. Wenn auch die Tourismuskonzerne immer wieder betonen, dass Last Minute die Ausnahme bleiben müsse, verstärken sie selbst den Trend in diese Richtung. So bietet TUI ab Mai unter dem Namen *„Discount Travel"* übrig gebliebene Reisen zum Minipreis an.

Musik im Kolosseum

Über 300.000 Menschen lauschen am 11. Mai in den römischen Kaiserforen einem Gratiskonzert des Ex-Beatles *Paul McCartney*, der im Rahmen seiner „Back to the World"-Tournee in der italienischen Hauptstadt Station macht.

Seine Tournee führt McCartney auch nach Moskau und nach Hamburg – die Stadt des ersten großen Beatles-Erfolgs.

Am Tag zuvor ist der 60-Jährige vor einem exklusiven Publikum aufgetreten. Im Kolosseum sang und spielte er vor 400 zumeist prominenten Besuchern, die eine Karte in einer Internet-Auktion ersteigert hatten und im Schnitt rund 1.000 Euro dafür bezahlten. Der Erlös kommt Landminenopfern zugute, ein Teil soll für die Wiederherstellung zerstörter Kulturgüter im Irak verwendet werden.

Zum letzten Mal Sommerschluss

Die Bundesregierung will das Gesetz gegen den unlauteren Wettbewerb reformieren und dabei die Bestimmungen über die bundesweit einheitlichen Schlussverkäufe im Sommer und Winter streichen. Stattdessen soll künftig jeder Ladenbesitzer selbst über den Zeitpunkt und Umfang von Rabatt-Aktionen entscheiden.

Mit Preisnachlässen von bis zu 70 Prozent lockt der deutsche Einzelhandel die Verbraucher zum voraussichtlich letzten Sommerschlussverkauf.

Ein David geht nach Spanien

David Beckham wechselt im kommenden Jahr zu Real Madrid. Der Kapitän der englischen Nationalelf kommt für 35 Mio. Euro von Manchester United zu den „Königlichen". Eine eher bescheidene Summe, verglichen mit dem, was Real für *Zinedine Zidane* (71,6 Mio. Euro von Juventus Turin) bezahlt hat.

Im Juli 2003 gibt David Beckham seinen Wechsel zu Real Madrid bekannt.

Das erste Auftreten des 28-Jährigen entfacht einen riesigen Medienrummel. 39 Fernsehsender übertragen live, 2 Milliarden TV-Zuschauer sind dabei, als er in Madrid erscheint.

150 Cocktail-Rezepte von anno dazumal

Cocktailbücher gibt es seit den 1960er Jahren in jeder Buchhandlung.

Hier gibt es 150 original Cocktail-Rezepte aus dem Jahr 1973 zum Download. Der Link und QR-Code dazu:

https://bit.ly/Cocktailrezepte-150

Was 2003 sonst noch geschah ...

2. Januar:
Nach fünfjähriger Arbeit haben Wissenschaftler aus Frankreich und den USA den Bauplan des menschlichen Chromosom 14 entziffert. Dieser Erbgutträger enthält 1050 Gene und Genfragmente, darunter auch eines, welches bei einer früh auftretenden Form von Alzheimer eine Rolle spielen kann. Die Forscher zeigen ihre Ergebnisse im Internet auf der Website des Fachmagazins „Nature".

6. März:
Die neue PISA-Studie des Max-Planck-Instituts für Bildungsforschung ergibt u.a. bundesweit große Unterschiede in der Benotungspraxis von Lehrern.

7. April:
Um zu sparen, montiert die Deutsche Post AG erste Briefkästen ab. Pressemeldungen zufolge soll es künftig bundesweit nur noch 108.000 statt derzeit 135.000 Briefkästen geben.

21. Juni:
Der Brite Lennox Lewis bleibt Box-Weltmeister im Schwergewicht, da der Ringarzt den Kampf gegen den Ukrainer Witali Klitschko nach der sechsten Runde wegen dessen Augenbrauenverletzung abbricht.

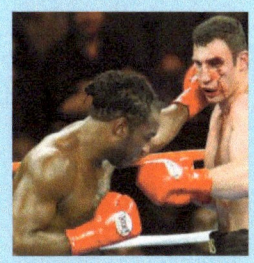

Was 2003 sonst noch geschah ...

30. Juli:
Michael Ballack (FC Bayern München) wird von Sportjournalisten zum zweiten Mal nach 2002 zum Fußballer des Jahres gewählt.

8. August:
In Perl-Nenning im Saarland wird mit 40,3 Grad Celsius ein neuer Hitzerekort gemessen.

25. August:
Pete Sampras (USA) verabschiedet sich vor Beginn der zweiwöchigen US Open in New York offiziell vom Tennissport.

26. November:
Als erster Sportler wird das 67-jährige Fußball-Idol Uwe Seeler zum Ehrenbürger seiner Heimatstadt ernannt.

2. Oktober:
Nach fast 23 Jahren läuft in der ARD die letzte Ausgabe der Kabarettsendung „Scheibenwischer" von und mit Dieter Hildebrandt.

24 Stunden live dabei

Einen ungewöhnlichen Krimi-Import aus den USA nimmt der Privatsender RTL 2 ins Programm: *„24"* stellt alle Stunden eines dramatischen Tages nach, in denen der Leiter einer Anti-Terror-Einheit des CIA, den Mord an einem Politiker verhindern, seine Frau und Tochter retten und zugleich ein Komplott im eigenen Geheimdienst aufdecken soll.

Kiefer Sutherland ist das Gesicht der amerikanischen Serie „24 – Twenty Four". In den USA erntete die Echtzeit-Serie mit dem pseudodokumentarischen Konzept im Jahr 2002 zwei Emmy-Fernsehpreise und einen Golden Globe.

RTL zeigt die Folge dreimal wöchentlich jeweils zur besten Sendezeit und erreicht mit den ersten Ausstrahlungen der Actionserie mit mindestens vier parallelen Handlungssträngen 3 Millionen Zuschauer.

Überschall Nr. 7 für ein deutsches Museum

Die Ära der transatlantischen Passagierflüge mit Überschallgeschwindigkeit geht zu Ende. Die französische Fluggesellschaft Air France mustert ihre Maschinen vom Typ *Concorde* aus. Das Flugzeug mit der Seriennummer 7 startet von Paris mit einem Abstecher über den Atlantik zum Flugplatz Karlsruhe/Baden-Baden, wo 20.000 Schaulustige zum Empfang bereit stehen. Der Flieger wird von dort aus ins Auto- und Technikmuseum *Sinsheim* transportiert.

Die Concorde im Auto-und Technikmuseum Sinsheim.

27 Jahre lang war die Concorde im Transatlantikflug im Einsatz. Nach dem Absturz einer Maschine im Jahr 2000 bei Paris, war das endgültige Aus nur noch eine Frag der Zeit.

Meeresenergie

Der Prototype einersneuartigen Wellenkraftwerks, das Wellenenergie in Strom umwandelt, wird seit dem Frühjahr 2003 vor der dänischen Nordseeküste erfolgreicht getestet. Bei der im Meer schwimmenden Anlage drücken die Wellen über eine breite Rampe in ein Speicherreservoir, das über Meeresniveau liegt. Das ins Meer zurückströmende Wasser wird über Turbinen geleitet und produziert dabei Strom.

Der erste Unterwasserrotor „Seaflow" nimmt im Juni 2003 vor England den Probebetrieb auf. Solche Anlagen sollen Energie aus den Gezeitenströmungen gewinnen.

Langfristig sollen jeweils mehrere Kraftwerke zusammengefasst werden. Auch in Norwegen und Großbritannien nehmen 2003 Anlagen zur Gewinnung von Meeresenergie ihren Probebetrieb auf.

Vom Aussterben bedroht

Wenn eine Art zum Tier oder zur Pflanze des Jahres erkoren wird, dann steht es meistens nicht mehr zum Besten um sie. So fehlt der *Feldgrille* der Lebensraum und dem *Mauersegler* der Nistplatz. Die *Kornrade* gibt es kaum noch. Mit ihrer Auswahl gelingt es Naturschutzverbänden und Fachvereinen jährlich immer wieder, die Aufmerksamkeit der Öffentlichkeit auf die bedrohte Vielfalt der Natur zu lenken.

Vogel des Jahres: Mauersegler
Blume des Jahres: Kornrade
Baum des Jahres: Schwarzerle

„Rocky" nimmt Abschied

Mit einer Punktniederlage gegen den 12 Jahre jüngeren Thomas Ulrich nimmt der 39-jährige Berliner *Graciano Rocchigiani* wie zuvor angekündigt Abschied vom Ring.

Vor 6.000 Zuschauern in Stuttgart muss er seinem Alter Tribut zollen und verliert nach 12 Runden einstimmig nach Punkten.

Sein letzter Kampf endet zwar mit einer Niederlage. Doch nach zwei Jahren Kampfpause zeigt Graciano Rocchigiani noch einmal alle seine Qualitäten.

„Rocky" startete seine Profikarriere 1983, absolvierte 48 Kämpfe, von denen er nur 6 verlor. Er war 1988 Weltmeister im Supermittelgewicht (IBF) und holte 1998 den WM-Titel des WBC.

Europa öffnet sich für 10 Neue

Durch die größte Erweiterungsrunde ihrer Geschichte wächst die 1957 durch sechs Staaten (Deutschland, Italien, Frankreich und die Beneluxländer) als Europäische Wirtschaftsgemeinschaft (EWG) gegründete EU mit der Aufnahme von Estland, Lettland, Litauen, Polen, Tschechien, der Slowakei, Ungarn, Slowenien, Malta und Zypern auf einen Wirtschaftsraum aus 25 Ländern mit rund 453 Millionen Menschen an. Statt elf werden dann in den europäischen Institutionen 21 Sprachen gesprochen.

Am Fuß der Akropolis versammeln sich die europäischen Staats- und Regierungschefs zum „Familienfoto". Fast drei Stunden dauert die Unterzeichnung des 4.500 Seiten starken Vertragswerkes.

Opas Rezepte aus 1963 für Camping und Strohwitwer

Kochbücher für Campingurlaube gibt es seit den 1960er Jahren.

Hier der Link zu 40 original Camping-Rezepten für Junggebliebene und Strohwitwer aus 1963:

https://bit.ly/opas-camping-rezepte

Bestseller

Im Auftrag des SPIEGEL ermittelt das Fachmagazin „buchreport" jährlich die Jahresbestseller. Im Jahr 2003 hat Joane K. Rowlings *„Harry Potter und der Orden des Phönix"* die Nase vorn.

Belletristik

1 **Joanne K. Rowling** Harry Potter und der Orden des Phönix Carlsen; 28,50 Euro

Voll verhext: Erneut hat der Zauberjunge mit der Blitznarbe den Spitzenplatz erobert

2 **Joanne K. Rowling** Harry Potter and the Order of the Phoenix Bloomsbury; 24,80 Euro (unverbindl. Preisempfehlung)

3 **Henning Mankell** Vor dem Frost Zsolnay; 24,90 Euro

4 **Eric-Emmanuel Schmitt** Monsieur Ibrahim und die Blumen des Koran Ammann; 12 Euro

5 **Donna Leon** Die dunkle Stunde der Serenissima Diogenes; 19,90 Euro

6 **Paulo Coelho** Der Alchimist Diogenes; 17,90 Euro

7 **Paulo Coelho** Elf Minuten Diogenes; 19,90 Euro

8 **Ildikó von Kürthy** Freizeichen Wunderlich; 17,90 Euro

9 **Carlos Ruiz Zafón** Der Schatten des Windes Insel; 24,90 Euro

10 **Nuala O'Faolain** Ein alter Traum von Liebe Claassen; 22,90 Euro

11 **Henning Mankell** Die Rückkehr des Tanzlehrers Zsolnay; 24,90 Euro

Jahresbestsellerliste 2003 aus dem Nachrichtenmagazin „Der Spiegel":

Auf Platz eins liegt: „Harry Potter und der Orden des Phönix"

Daneben sind sowohl Henning Mankell als auch Paulo Coelho (siehe nächste Seite) gleich zweimal in den Top Ten vertreten.

Geschichte über eigene Träume

Paulo Coelho de Souza, geboren 1947 in Rio de Janeiro ist ein brasilianischer Schriftsteller und wird zum Bestsellerautor. Paulo Coelho ist nach John Grisham weltweit der erfolgreichste Schriftsteller der Gegenwart.

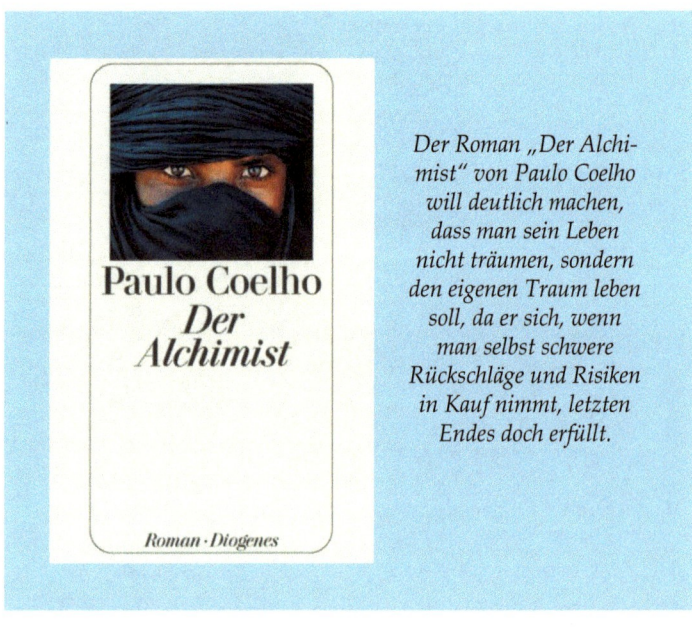

Der Roman „Der Alchimist" von Paulo Coelho will deutlich machen, dass man sein Leben nicht träumen, sondern den eigenen Traum leben soll, da er sich, wenn man selbst schwere Rückschläge und Risiken in Kauf nimmt, letzten Endes doch erfüllt.

67 Millionen Bücher hat er verkauft, allein sein bekanntester Roman *„Der Alchimist"* ging 27 Millionen mal über die Ladentheke und wurde in 81 Sprachen übersetzt.

Der zerlegte Körper

Die Stadt München verbietet die umstrittene Leichenausstellung *„Körperwelten"* des deutschen Anatomen Gunther von Hagens. Ein entsprechender Bescheid sei erlassen worden, teilte das Kreisverwaltungsreferat (KVR) mit. Ab 22. Februar 2003 sollte die Wanderausstellung in München Station machen.

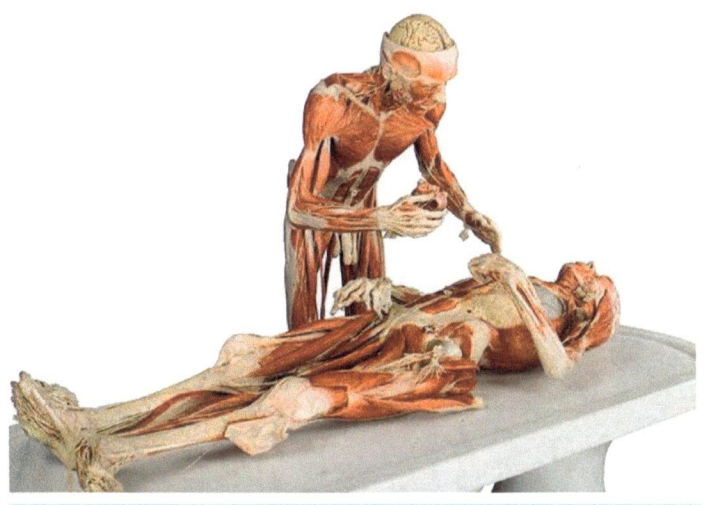

Das Verbot gründet nach KVR-Angaben vor allem auf dem Bestattungsrecht. Darüber hinaus liege ein Verstoß gegen die Menschenwürde vor.

Nach Angaben des Veranstalters haben bisher weltweit elf Millionen Menschen die Schau mit 200 Präparaten gesehen. Die Ausstellung war von April bis August 1999 auch in Wien zu sehen. In London hatte von Hagens im Vorjahr Aufsehen erregt, als er im Rahmen seiner Ausstellung trotz eines Verbots öffentlich eine Leiche sezierte.

Der letzte Käfer rollt vom Band

Mit dem Auslaufen der Produktion des legendären *VW-Käfers* endet in Mexiko nach fast 70 Jahren ein bedeutendes Kapitel der Automobilgeschichte. Der letzte Wagen der Modellreihe gehört zu einer Nostalgie-Edition von insgesamt 3.000 Exemplaren in den Farben Hellblau und Cremeweiß mit verchromten Stoßstangen, Zierleisten und Spiegeln sowie Weißwandreifen. Die Motorhaube ziert das alte Wolfsburg-Symbol.

Der letzte VW-Käfer: Die Motorhaube ziert das alte Wolfsburg-Symbol.

Der allerletzte Käfer kommt nun ins Museum nach Wolfsburg. Seit 1945 sind exakt 21.529.464 Stück des Modells gebaut worden. In Deutschland lief der letzte Käfer bereits 1978 vom Band.

Sekundenschneller Blick ins Herz

Das bildgebende Verfahren für das Herz und seine Gefäße, das Wissenschaftler der Siemens AG vorstellen, liefert schon nach 15 Sekunden ein dreidimensionales Bild vom Herzen, auf dem sicher zu erkennen ist, ob Ablagerungen in den Herzkranzgefäßen vorliegen und ob es sich dabei um eine harmlose oder gefährliche Form handelt.

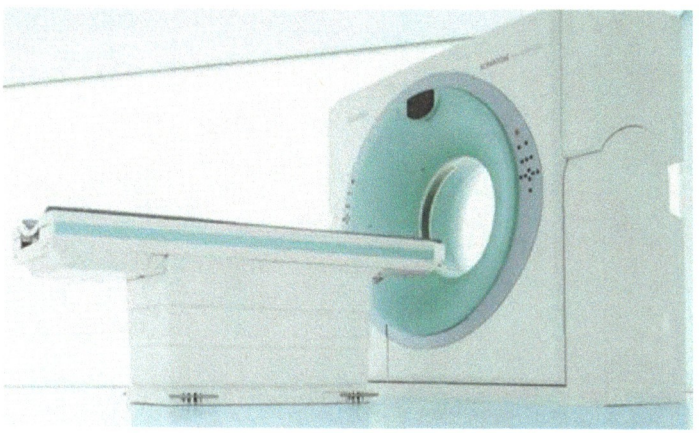

Der Computertomograf Somatom Sensation Cardiac ermöglicht den sekundenschnellen und hochpräzisen Blick ins Herz.

Dabei ist der *Computertomograf* an ein EKG angeschlossen und nimmt Bilder des Herzens jeweils zwischen den Pumpbewegungen auf. Die Untersuchung ist für den Patienten schonend und weniger zeit- und personalintensiv als die herkömmlichen Verfahren.

Dosen- und Flaschenpfand

Mit Jahresbeginn müssen die Verbraucher 25 Cent Pfand auf die meisten Getränkedosen und Einwegflaschen aus Glas oder Plastik zahlen, für große Behälter ab 1,5 Liter werden 50 Cent fällig. Das Pfand gilt bei Behältern für Bier, Mineralwasser und Erfrischungsgetränke mit Kohlensäure wie Limonade oder Cola.

Ein Wertchip als Nachweis für das Einwegpfand. Ab dem 1. Januar 2003 wird für die meisten Getränkedosen und Einwegflaschen ein Pfand erhoben.

Die Regelung stammt noch aus den Zeiten der Kohl-Regierung und sollte in Kraft treten, falls die verkauften Mehrwegprodukte die Quote von 72 % überschreiten.

Kleine Aktiengesellschaft

Seit 2003 gibt es eine Möglichkeit, sich aus der Arbeitslosikeit heraus selbständig zu machen, die sog. Ich-AG. Selbständige, die nicht mehr als 25.000 Euro im Jahr verdienen, erhalten als Existenzgründungszuschuss im ersten Jahr monatlich steuerfrei 600 Euro, im zweiten Jahr 360 Euro und im dritten Jahr 240 Euro.

Strandkorbvermietung als Neuanfang.

Um die Ich-AG noch attraktiver zu machen gibt es die sog. kleine Handwerksnovelle, die vorsieht, dass einfache, in drei Monaten erlernbare Tätigkeiten wie Tapezieren oder Hilfsarbeiten als Gärtner ohne Prüfung selbständig ausgeübt werden können.

Urlaub in aller Ruhe

Eine wachsende Nachfrage nach Gastaufenthalten in einem Kloster verzeichnen die christlichen Kirchen. Besonders zur Weihnachtszeit und in der Karwoche wächst bei den Menschen das Bedürfnis nach Stille, innerer Einkehr und spiritueller Erfahrung.

Für Urlaube im Kloster gibt es sogar Reiseführer.

Von den rund 3.000 katholischen Klöstern in Deutschland nehmen etwa 260 Gäste auf. Hinzu kommen etwa 40 evangelische Einkehrhäuser und „Häuser der Stille". Die Kosten für die Unterbringung sind sehr unterschiedlich. Von der Spende bis zur Mitarbeit in Küche oder im Garten ist alles möglich.

Schönster Mann 2003

Der amerikanische Schauspieler *Johnny Depp* ist von der Zeitschrift „*People*" zum Mann mit dem größten Sex-Appeal des Jahres 2003 gekürt worden.

2003 ist DAS Jahr von Johnny Depp: Mit "Fluch der Karibik" wird er zum absoluten Megastar und den Titel "Sexiest Man Alive" gibt es auch noch oben drauf.

Das Magazin gab dem 40-jährigen Star des Streifens *„Fluch der Karibik"* den Vorzug vor Hollywoodgrößen wie Brad Pitt, George Clooney, Russell Crowe und Denzel Washington, die sich unter den Top Ten befinden. Im vergangenen Jahr wurde Ben Affleck zum «Sexiest Man Alive» gewählt.

Taikonaut Nummer 1

Als drittes Land der Erde nach der damaligen UdSSR und den USA (beide 1961) bringt China ein eigenes bemanntes Raumschiff ins Weltall. Der 38-jährige Oberstleutnant *Yang Liwei* umkreist an Bord der Raumkapsel „Shenzhou" in 343 km Höhe 14-mal die Erde und landet tags darauf sicher in der Steppe der inneren Mongolei.

Chinas erster „Taikonaut" Yang Liwei in seiner Raumkapsel.

„Das Raumschiff funktionierte gut. Ich fühle mich gut und bin stolz auf mein Vaterland", erklärt Yang anschließend laut der amtlichen Nachrichtenagentur Xinhua, die Chinas ersten bemannten Raumflug voll patriotischen Stolzes feiert.

Der Ring geht ins Finale

Im traditionsreichen Embassy Theatre in der neuseeländischen Hauptstadt Wellington feiert der letzte Teil der Filmtrilogie *„Der Herr der Ringe"* seine Premiere. Zuvor haben rund 125.000 Menschen den Schauspielern zugejubelt, die mit einem Autokorso vom Parlament zum Premierenkino gebracht wurden.

In Teil drei erfahren die Fans endlich, ob des dem Hobbit Frodo gelingt, den unheilvollen Ring zu vernichten und damit das Fantasie-Land Mittelerde zu retten.

Regisseur Peter Jackson hat alle drei Teile seiner Verfilmung des Fantasy-Romans von J.R.R. Tolkien auf einmal abgedreht, sie dann aber jeweils mit Jahresabstand in die Kinos gebracht. Die ersten beiden Teile spielten weltweit rund 1,8 Mrd. USD ein.

Meisterschaft, Pokal und Wirbel

Der *FC Bayern München* steht bereits vier Spieltage vor Schluss, zum 18. Mal seit 1932 als deutscher Meister fest. Auch das Pokalfinale gewinnen die Bayern in Berlin mit 3:1 gegen den 1. FC Kaiserslautern und feiern so zum vierten Mal das „Double".

Bayern Torwart Oliver Kahn hält die Meisterschale in die Höhe. DFB-Teamchef Rudi Völler (re.) applaudiert.

Die Bayern sorgen auch außerhalb des Platzes für Wirbel. Im Februar wurde publik, dass der Club aufgrund eines Geheimvertrags mit der Kirch-Gruppe von 1999 bis 2002 insgesamt 21,5 Mio. Euro erhalten hat. Kirch soll sich damit ohne Wissen der Deutschen Fußball-Liga (DFL) die Zustimmung des Branchenprimus zu einer weiteren zentralen Vermarktung der Bundesliga-Rechte erkauft haben. Der Verein einigt sich dann im April mit der DFL auf eine Geldbuße von 3 Mio. Euro.

Langer Samstag

Den ersten *langen Samstag* mit Ladenöffnungszeiten bis 20 Uhr verbucht der Einzelhandel als Erfolg. Seitdem am 11. April auch der Bundesrat den Weg zur längeren Samstagsöffnung frei gemacht hat, wurden vielfach Zweifel geäußert, ob zusätzliche Umsätze zu erzielen seien oder lediglich der Konsum von anderen Wochentagen auf den Samstag verlagert würde.

Auch samstags dürfen die deutschen Verbraucher jetzt bis 20.00 Uhr einkaufen

Erste Erfahrungen zeigen, dass zumindest die Stadtzentren profitieren. Hier finden sich am Samstagnachmittag junge Berufstätige zum Einkaufsbummel ein.

Die Liebe wird gefeiert

Etwa 500.000 Jugendliche tanzen bei der *15. Love Parade* in Berlin neun Stunden auf der Straße des 17. Juni durch den Tiergarten. Im vergangenen Jahr konnte die Parade allerdings noch 700.000 Menschen in die Hauptstadt locken.

Unter dem Motto „Love Rules" hatten sich zwei LKW-Konvois in Bewegung gesetzt. Mit rund einer Million Watt heizen DJs aus Deutschland, Italien oder Spanien auf den insgesamt 30 Trucks der Menge ein. Raver aus aller Welt begleiten die „Floats" bei bewölktem Himmel bis zur Siegessäule.

Ausgelassene Stimmung bei der Love-Parade in Berlin.

Auf Kundenfang

Durch eine Änderung des Telekommunikationsgesetzes wird auch im Ortsnetz die freie Wahl des günstigsten Telefonanbieters zugelassen.

Annähernd flächendeckende Angebote machen zunächst nur Arcor, Telecom und Tele2. Sie werben mit Kampfpreisen ab einem Cent pro Minute um die Gunst der Kunden. Geld lässt sich mit solchen Preisen allerdings nicht verdienen: Allein für die Durchleitung des Gesprächsverkehrs der Anbieter durch ihr Netz verlangt die Telekom 1,1 Cent pro Minute.

Über fünf Jahre nach der Liberalisierung des Telefonmarktes könnte die Deutsche Telekom ihre dominierende Stellung im Ortsnetz mit einem Marktanteil von rund 95 % verlieren.

Ein Pirat aus der Karibik

2003 erscheint der erste Teil der Filmreihe *Pirates of the Caribbean* *„Fluch der Karibik"* in den Kinos. Die Handlung: Hufschmied Will Turner (Orlando Bloom) liebt die Gouverneurstochter Elizabeth Swann (Keira Knightley) seit seiner Kindheit. Als sie von Captain Barbossa (Geoffrey Rush) entführt wird, zögert Will keine Sekunde mit dem Beginn der Befreiungsaktion.

Ein rasantes Piratenabenteuer nimmt seinen Lauf, in dem nicht jeder Freibeuter das ist, was er zu sein scheint...

Will braucht jedoch Hilfe und schließt aus diesem Grund einen Pakt mit dem gefangenen Piraten Captain Jack Sparrow (Johnny Depp). Will befreit Sparrow aus seiner Zelle und gemeinsam macht sich das ungleiche Paar an die Verfolgung der *Black Pearl.*

Naturlook für Zuhause

Tiefe, breite, weiche Ecksofas und niedrige Tische sollen 2003 dafür sorgen, dass es zu Hause aussieht wie in der Lounge eines Hotels oder in einem vornehmen Club. Kommen dann noch edle Hölzer und Stoffe in warmen Farben dazu, dann entsteht eine lässige Wohfühl-Atmosphäre.

Naturlook für die Wohnung propagiert die Zeitschrift „Schöner Wohnen" in ihrer Ausgabe 1/2003

Die Möbelindustrie besinnt sich dabei auch auf Retro und nimmt sich 1970er Jahre vor: Die geometrischen Formen von damals erleben auf Tapeten, Gardinen und Bezugsstoffen ein Comeback und auch die Farben der Siebziger – Braun, Grün, Beige, Orange und Rot – werden wieder gern gewählt.

Ende der Cap Horniers

Die *„exklusivste Vereinigung der Welt",* die Bruderschaft der Kap-Hoorn-Umseegler, löst sich auf. Grund ist das hohe Alter der knapp 300 Seeleute, die sich als Cap Horniers bezeichnen dürfen. Das Durchschnittsalter liegt bei 89 Jahren.

Diese vier Mitglieder der deutschen Sektion der Cap Horniers sind zwischen 88 und 96 Jahre alt.

Die Vereinigung entstand 1936. Mitglieder waren zunächst Kapitäne, die Großsegler um das berüchtigte Kap Hoorn geführt hatten. Etwa 800 Segelschiffe sanken vor dem „Kap der Stürme".

Später durften auch Seeleute zu den Cap Horniers, die das Kap als Mannschaftsdienstgrade passiert und später das Kapitänspatent erworben hatten. Als Ende der 1940er Jahre der Frachtverkehr mit den Großseglern eingestellt wurde blieb der Nachwuchs aus.

Noch mehr Ganztagsschulen

„Zukunft Bildung und Betreuung" heißt ein Förderprogramm des Bundes, das zum Auf- und Ausbau von Ganztagesschulen beitragen soll. Von dieser Schulform versprechen sich Bildungspolitiker eine bessere individuelle Förderung der Schüler, von der sozial Benachteiligte besonders profitieren könnten.

Durch Ganztagsschulen könnten der Einfluss der Herkunft auf den Schulerfolg abgemildert und damit auch „soziale Chancengleichheit" verwirklicht werden – so die Hoffnung.

Insbesondere ausländische Schüler sind die Sorgenkinder. So verlässt laut Statistischem Bundesamt jeder fünfte Schüler mit ausländischem Pass die Schule ohne Abschluss, bei den deutschen Schülern sind es 8 %. Während 26 % der deutschen Schüler die Hochschul- oder Fachhochschulreife erreichen, sind es bei Migrantenkinder nur 11 %.

Erster Superstar gewählt

Während der RTL-Live-Sendung fällt am Sonntagmorgen des 9. März 2003 um 0.42 Uhr die Entscheidung: Sieger des Gesangs-Marathons *Deutschland sucht den Superstar* ist *Alexander Klaws.* Beim Televoting setzt sich der 19-Jährige gegen die 22-jährige Musical-Darstellerin *Juliette Schoppmann* aus Stade durch.

Der „Superstar": Alexander Klaws aus dem Kreis Warendorf bei Münster.

Die britische TV-Show „Pop Idol" stand Pate für den Wettbewerb, für den sich 10.077 Nachwuchskünstler meldeten. Aus ihnen traf eine Jury rund um *Dieter Bohlen* eine Vorauswahl. Am 9. November startete dann mit zehn angehenden Superstars die erste von 15 Shows zur Ermittlung der Kanditaten für die Endausscheidung.

Motorrad des Jahres

Bei der Wahl der Zeitschrift „Motorrad" zum Motorrad des Jahres 2003 belegt die *Kawasaki Z 1000* Platz 1 in der Klasse der Allrounder. Der Applaus ist frenetisch, als 2003 die „neue" Kawasaki Z 1000 auf den Markt kommt. Die Fans sind euphorisiert, die Fachpresse vom impulsiven Auftreten der Marke entzückt, und viele Motorradfahrer werden binnen kürzester Zeit zu Zett-Rittern.

Die Kawasaki Z 1000 wird zum Motorrad des Jahres gewählt.

Erinnerungen an die alten Z 900- und Z 1000-Zeiten werden durch die „Vier-in-zwei-in-vier-Auspuffanlage" mit ihren vier einzelnen Endschalldämpfern geweckt, und sofort ist die alte Mär von „Frankensteins Tochter" wieder auf dem Tisch. Die für Deutschland vorgesehene Stückzahl für das Modelljahr 2003 ist bereits im August 2003 ausverkauft.

Rudi völlig außer Kontrolle

Nach dem 0:0 der Nationalmannschaft in der EM-Qualifikation gegen Island verliert der deutsche Teamchef *Rudi Völler* beim Fernseh-Interview völlig die Fassung. Völler empört sich über das Kommentatoren-Duo Günter Netzer und Gerhard Delling und steigert sich in eine Schimpfkanonade hinein, wie sie seit dem Ausbruch des damaligen Bayern-Trainers Giovanni Trappatoni 1998 („Ich habe fertig") nicht mehr zu hören war.

„Scheißdreck, Mist, Käse" – der erboste Rudi Völler nimmt sich im TV-Interview kein Blatt vor den Mund.

Den Link bzw. QR-Code zum rund 4-minütigen, fast 2 Millionen Mal geklickten Ausraster-Inteview auf Youtube gibt es hier:

https://bit.ly/rudi-rastet-aus

Das Spiel des Jahres

Alhambra wird zum Spiel des Jahres gewählt. In Alhambra erwerben die Spieler Gebäude, die in ihrem Alhambra-Komplex platziert werden sollen. Die besten Baumeister in ganz Europa und Arabien wollen ihr Können unter Beweis stellen.

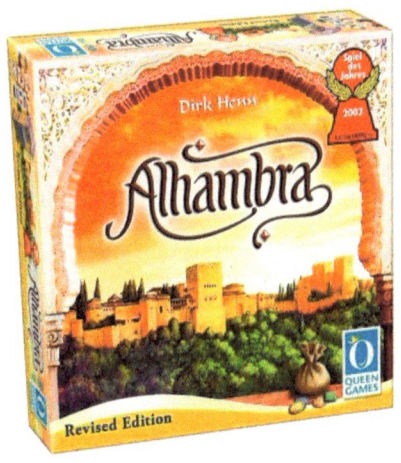

Alhambra wird zum Spiel des Jahres 2003 gekürt

Setzen Sie die am besten geeigneten Bauteams ein und stellen Sie sicher, dass Sie immer genug von der richtigen Währung haben. Denn egal, ob es sich um Steinmetze aus dem Norden oder Gartenbauern aus dem Süden handelt, sie alle wollen einen angemessenen Lohn und bestehen auf ihre „heimische" Währung. Mit ihrer Hilfe können Türme gebaut, Gärten angelegt, Pavillons und Arkaden errichtet sowie Seraglios und Kammern gebaut werden.

Höchster Wolkenkratzer der Welt

In Taipeh wird das höchste Gebäude der Welt mit der Montage der Spitze vollendet. Der Wolkenkratzer *„Taipeh 101"* ist mit 508 m noch 56 m höher als die Petronas Towers in Kuala Lumpur. Tag für Tag soll der Turm das Ziel von mehr als 10 000 Angestellten werden. Niemand von ihnen wird länger als 30 Sekunden auf den Lift warten müssen. Dafür sind 63 kapselförmige Aufzüge im Gebäudekern installiert worden. Darunter die schnellsten Fahrstühle der Welt, die mit 17 Metern pro Sekunde in den Schächten unterwegs sein werden. Die unterirdische Garage verfügt über 1839 Autoparkplätze und 2990 Stellplätze für Motorroller.

Wie ein gigantischer Bambus ragt der Büroturm mit seinen 508 Metern über Taiwans Hauptstadt Taipeh. Es gibt Bars, ein Dutzend Restaurants, ein doppelstöckiges Fitnesszentrum mit Pool und Nachtclub, eine riesige Shopping-Mall, Supermärkte und auch ein Hotel.

Norah räumt ab

Mit insgesamt fünf Auszeichnungen setzt sich die vor einem Jahr noch völlig unbekannte Pop-Sängerin *Norah Jones* bei der 45. Vergabe der begehrten Musikpreise Grammy gegen die etablierten Stars durch.

Die 23-Jährige, eine Tochter des indischen Musikers Ravi Shankar, gewinnt u.a. Preise für das beste Album (*Come Away With Me*), für den besten Song sowie als beste Künstlerin des Jahres.

Kaum tragen kann Newcomermin Norah Jones ihre Grammys. Sie sei sehr froh über diese Ehrung „in einer Zeit, wo die Welt wirklich verrückt ist", sagt sie.

Testbetrieb für Maut

Trotz noch bestehender technischer Mängel läuft die Testphase für das *Lkw-Mautsystem* auf deutschen Autobahnen offiziell an.

Um die im Echtbetrieb zu zahlende Maut zu ermitteln, können Spediteure ihre Lastwagen mit Erfassungsgeräten bestücken, alternativ können sich die Fahrer an Tankstellen einbuchen.

Eines der 3.000 Einwahlterminals. Dazu gibt es noch 75.000 zum Teststart installierte Lkw-Bordgeräte.

Bewährt sich die satellitengestützte Technik, soll die Autobahnmaut in Deutschland für alle Lkw ab 12 Tonnen gelten. Sie beträgt, abhängig von Achslast und Immissionsverhalten des jeweiligen Fahrzeugs, durchschnittlich 12,4 Cent/km.

Neues Logo für den Handel

Fair gehandelte Produkte aus Entwicklungsländern sind in Zukunft nicht nur in Deutschland, sondern auch in zwölf weiteren europäischen Ländern und in Japan am grün-blauen *„Fairtrade-Logo"* erkennbar.

In Deutschland kaufen etwa 3 Mio. Menschen zumindest gelegentlich Fairtrade-Produkte, wie Kaffee, Tee, Orangensaft oder Schokolade.

Damit ihnen der Verein TransFair, ein Zusammenschluss von 38 in der Entwicklungshilfe tätigen Organisationen, das Gütesiegel verleiht, müssen die entsprechenden Lebensmittel umweltgerecht angebaut und ohne Kinderarbeit hergestellt sein, und ihre Produzenten müssen eine angemessene Entlohnung erhalten haben.

Jubiläum der Bundesliga

55.500 Zuschauer in der ausverkauften Hamburger AOL-Arena bilden am 24. August einen würdigen Rahmen, als die Fußball-Bundesliga exakt um 17 Uhr ihren 40. Geburtstag feiert.

Ehemalige Spieler aus der HSV-Mannschaft von 1963, unter ihnen auch Uwe Seeler (3. v.l.) präsentieren sich den begeisternten Fans.

Der Hamburger SV ist der einzige Verein, der vier Jahrzehnte lang die Erstklassigkeit behauptet hat. Der „Seeler" von damals hätte auch der aktiven HSV-Mannschaft gut getan: Das anschließende Jubiläumsspiel gegen Bayern München verliert der HSV 0:2 und rutscht auf den vorletzten Platz in der Bundesligatabelle ab.

Bernsteinzimmer wieder da

Über 40 Staats- und Regierungschefs folgen der Einladung des russischen Präsidenten Wladimir Putin zum *300. Geburtstag* der einstigen Zarenhauptstadt *St. Petersburg.*

Zum Jubiläum sind viele Baudenkmäler restauriert, einige auch rekonstruiert worden, darunter der Konstantinspalast und das Bernsteinzimmer im Katharinenpalast. Allein 280 Mio. USD kostete der Wiederaufbau des Konstantinpalastes. Das Geld stammt aus Spenden russischer Unternehmen.

Das Bernsteinzimmer: Seit 2003 ist im Katharinenpalast in St. Petersburg eine Rekonstruktion zu sehen. Das Original der Anfang des 18. Jahrhunderts entstandenen und aus Bernstein gestalteten Wandverkleidungen ist seit 1945 verschollen.

Das Bernsteinzimmer war 1755 als Geschenk des preußischen Königs Friedrich Wilhelm I. nach Russland gelangt und dort in das Katharinenpalais, die Sommerresidenz des Zaren, eingebaut worden.

Charts des Jahres

Gleich drei Songs können sich jeweils sechs Wochen lang Platz 1 der deutschen Single-Charts sichern: *„We Have a Dream"* von der Casting-Show *„Deutschland sucht den Superstar"*, *„Für Dich"* von der deutschen Sängerin und Schauspielerin *Yvonne Catterfeld* und *„Shut Up"* von der US-amerikanischen Band *The Black Eyed Peas*.

Deutsche Jahrescharts 2003

1. *Ich kenne nichts* von RZA feat. Xavier Naidoo
2. *All The Things She Said* von t.A.T.u.
3. *Für Dich* von Yvonne Catterfeld
4. *Shut Up* von Black Eyed Peas
5. *White Flag* von Dido
6. *Never Leave You* von Lumidee feat. Busta Rhymes
7. *In The Shadows* von The Rasmus
8. *Aicha* von Outlandish
9. *We Have A Dream* von Superstars United
10. *In Da Club* von 50 Cent

Den Link bzw. QR-Code zu einem 10-minütigen Youtube-Medley der 100 Top-Songs aus 2003 gibt es hier:

https://bit.ly/songs-2003

Alcopops sind in

Sorgen bereiten 2003 die sog. Alcopops, die im Sommer zu Kultgetränken gerade unter Jugendlichen werden. Dabei handelt es sich um Mixgetränke, die Spirituosen enthalten und deshalb nur an Personen über 18 Jahren verkauft werden dürfen.

Der Absatz der Alcopops sei um rund 50 Prozent auf 140 Millionen Flaschen gestiegen.

Im Bundesfamilienministerium wird die Befürchtung laut, Jugendliche könnten durch die Getränke frühzeitig zum Alkoholkonsum verleitet werden. Aufgrund heftiger Kritik entschließen sich die Produzenten Bacardi und Diageo freiwillig zu einem Warnhinweis „ab 18" auf den Getränkeflaschen.

Die beliebtesten Vornamen

Folgende Vornamen sind im Jahr 2003 am beliebtesten:

Mädchen:

1. Anna
2. Lea
3. Hannah
4. Lara
5. Emily
6. Lena
7. Leonie
8. Sarah
9. Lilly
10. Laura

Jungen:

1. Jan
2. Tom
3. Ben
4. Tim
5. Lukas
6. Finn
7. Luca
8. Paul
9. Leon
10. Jannik

Wörter des Jahres 2003

1. das alte Europa
2. Agenda 2010
3. Reformstreit
4. SARS/Sars
5. eingebettete Journalisten
6. Maut-Desaster
7. Steuerbegünstigungsabbaugesetz
8. Jahrhundertglut
9. googeln
10. Alcopops
11. »Deutschland sucht den Superstar (DSDS)«

Prominente Geburtstagskinder

Folgende prominente ErdenbürgerInnen erblicken 2003 das Licht der Welt:

3. Januar: Greta Thunberg
schwedische Klimaaktivistin

16. Mai: Matteo Markus Bok
deutsch-italienischer Sänger

19. Mai: JoJo Siwa, Tänzerin, Sängerin und Schauspielerin

16. Juni: Anna Cathcart
kanadische Schauspielerin

**6. September:
Faye Montana**
deutsche Influencerin

10. September:
San Diego Pooth
deutsches Model

23. Oktober:
Deacon Phillippe
Schauspieler und Sohn von Reese Witherspoon

7. Dezember:
Catharina-Amalia
der Niederlande, Kronprinzessin der Niederlande

2003 als Kreuzworträtsel

1. Vorname ehem. Mister Universum; 2. Anzahl WM-Titel Michael Schuhmacher; 3. Nachname brit. Star-Fußballer; 4. Überschallflugzeug; 5. Spitzname deutscher Boxer; 6. Anzahl neuer EU-Staaten; 7. Bestseller von Paul Coelho; 8. Umstrittene Leichenausstellung; 9. VW-Kultauto; 10. Nachname Sexiest Man Alive; 11. Chin. Name für Astronaut; 12. Massenveranstaltung in Berlin; 13. Vorname Jury-Mitglied DSDS; 14. Nachname ehem. Fußball-Teamchef; 15. Chin. Tierkreiszeichen

Lösung Kreuzworträtsel

1. Arnold; 2. Sechs; 3. Beckham; 4. Concorde; 5. Rocky; 6. Zehn; 7. Alchimist; 8. Koerperwelten; 9. Kaefer; 10. Depp; 11. Taikonaut; 12. Loveparade; 13. Dieter; 14. Voeller; 15. Ziege

Bildverzeichnis und Links

alamy; bigstock; canto; gettyimages; okapia; pixxio; pixabay; shutterstock; stokpic. Trotz größter Sorgfalt konnten die Urheber nicht in allen Fällen ermittelt werden. Es wird gegebenenfalls um Mitteilung gebeten.

Wir bitten um Verständnis, dass wir keinen Einfluss darauf haben, wie lange die externen Links (z.B. Youtube-Videos) abrufbar sind. Es besteht keinerlei wirtschaftliche oder sonstige Verbindung zu eventuell eingespielter Werbung vor den Videos. Cartoons: Nadja Kühnlieb

Impressum

Autorin: Nadja Kühnlieb

© 2023 Verlag Mensch
www.verlagmensch.com / info@verlagmensch.com
Dr. Roman Feßler LL.M.
6900 Bregenz - Österreich, Bregenzer Straße 64
Umschlaggestaltung: Ingeborg Helzle Grafikdesign
Covermotiv: Alamy

1. Auflage 2023
Alle Rechte vorbehalten. Nachdruck, auch auszugsweise, nur mit schriftlicher Genehmigung des Verlags.

In der Serie Geburtstagsbücher für Frauen sind erschienen:

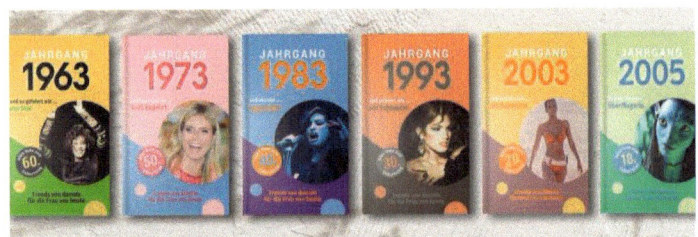

In der Serie Geburtstagsbücher für Männer sind erschienen:

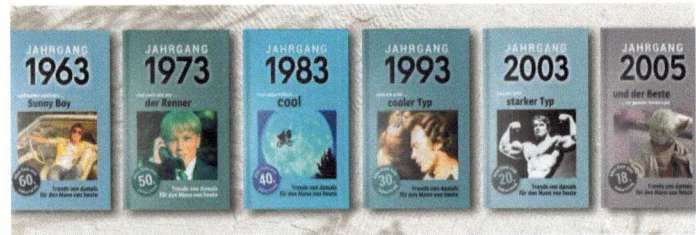

Alle Jahrgänge enthalten Download-Material zum jeweiligen Geburtsjahr.
Alle Geburtstagsbücher sind exklusiv auf Amazon erhältlich.

Psychologische Ratgeber des Verlags

Dr. Beate Guldenschuh-Feßler

Jeden Tag glücklich!

Positive Psychologie für mehr Glück & Lebensfreude

Exklusiv auf Amazon.
Der Link zum Buch:
bit.ly/Jeden-Tag-glücklich

Auf 425 Seiten erhalten Sie 199 Praxistipps und Übungen von der erfahrenen Diplom-Psychologin und Verhaltenstherapeutin zur Erhöhung Ihres persönlichen Glückniveaus.

Dr. Beate Guldenschuh-Feßler

Glaubenssätze

Ihre persönliche Formel für mehr Glück und Erfolg. Inklusive 2.000 Affirmationen

Der Link zum Buch:
bit.ly/Buch-Glaubenssätze

Identifizieren Sie Ihre einschränkenden Glaubenssätze und erfahren Sie, wie Sie mit positiven Affirmationen glücklicher und erfolgreicher werden.

Dr. Beate Guldenschuh-Feßler

Das große Tagebuch der Dankbarkeit

Studien beweisen, dass ein Dankbarkeitstagebuch unser Glücksniveau steigern und Geist und Körper positiv beeinflussen kann.

Der Link zum Buch: bit.ly/dankbares-leben

Neben ausreichend Platz für Ihre Tagebucheintragungen erhalten Sie psychologisches Hintergrundwissen, Tipps und Übungen zum Thema Dankbarkeit.

Dr. Beate Guldenschuh-Feßler

Grimms Märchen für mehr Selbstbewusstsein, Mut & Hilfsbereitschaft

11 Tugenden zur Persönlichkeitsentwicklung psychologisch aufbereitet.

Der Link zum Kinderbuch: https://amzn.to/3N5GaQh

Vermitteln Sie anhand von Grimms Märchen Werte, die für Kinder von besonderer Bedeutung sind. Mit Ausmalbildern und Hörbuch für Kinder ab 4 Jahren.

Printed in Poland
by Amazon Fulfillment
Poland Sp. z o.o., Wrocław